**KNIFFLIGER
KNOBELSPASS**

KNIFFLIGER KNOBELSPASS

Ravensburger Buchverlag

INHALT

Hallo, Knobelfan!

Du machst gern lustige Denkspiele, löst spannende Rätsel und knackst verzwickte Knobelaufgaben? Dann bist du hier genau richtig! In diesem Buch warten jede Menge knifflige Sprach-, Logik- und Rechenrätsel, Konzentrationsübungen und Gedächtnisaufgaben auf dich.
Am Ende jedes Kapitels findest du außerdem tolle Spielideen, die du mit deinen Geschwistern oder Freunden ausprobieren kannst. Da sind Spannung und Spaß garantiert und ganz nebenbei bringst du deine grauen Zellen in Schwung!

Noch einige Tipps:
→ Hier sind Profis gefragt: Die Aufgaben mit der 💡 sind etwas kniffliger.
→ Löse die Knobelaufgaben auf einem Blatt Papier, dann kannst du sie mehrmals bearbeiten.
→ Auf den Seiten 57 bis 63 findest du die Lösungen zu den Aufgaben. Hier kannst du vergleichen, ob du die Aufgaben richtig gelöst hast. Aber nicht schummeln!

Viel Spaß beim Knobeln und Rätseln!

Geburtstag im Tipi

Der Sohn von Häuptling Großer Pfau hat Geburtstag.
Löse das Rätsel, dann erfährst du, wie er heißt.

~~3~~4   ~~1~~4 = n   ~~2~~45~~67~~   ~~1~~2   ~~1~~23

Kl~~ee~~ ~~L~~eiter Fla~~s~~che Lo~~k~~ E~~i~~s
KL   einer   Fa   LKe

Schau dir die Buchstaben
der Substantive
genau an.

Tipp

Versteckt

In den Wörtern haben sich weitere Dinge versteckt. Findest du sie?

GLOCKENSPIEL   HAUSTIERKÄFIG

TASCHE   ASTERN

COMPUTER   KUSCHELDECKE

Wortgitter

In diesem Wortgitter haben sich zehn Bauernhoftiere versteckt.
Du kannst senkrecht, waagerecht und diagonal suchen.
Findest du alle?

A	K	P	F	E	R	D	L
H	U	H	N	P	L	O	T
P	H	E	O	Z	W	H	Y
M	A	U	S	I	R	U	Ü
S	C	H	W	E	I	N	K
L	Q	T	Z	G	L	D	I
K	A	T	Z	E	J	G	T
A	W	S	C	H	A	F	H

Für Witzbolde

1. Was kannst du nicht mit
   Worten ausdrücken?

2. Wie begrüßen sich zwei Päpste?

3. Warum hat der Schwan einen so langen Hals?

4. Warum trinken Mäuse nie Alkohol?

5. Womit fängt der Tag an und hört die Nacht auf?

Durchgeschüttelt

Der LKW hat Lebensmittel geladen. Leider war die Strecke ziemlich holprig und die Buchstaben sind durcheinandergeraten. Weißt du trotzdem, was er transportiert?

Reim-Memory

Welche Wörter reimen sich? Finde die richtigen Paare.

Wortkreuze

Welche Doppelkonsonanten fehlen hier? Schreibe die vier Wörter aus jedem Wortkreuz auf ein Blatt Papier.

		T	M		
		A	E		
	A			E	L
S	E			E	L
		E	E		
			R		

			T	R	
			A	E	
	K	A			E
S	P	I			E
			E	E	
				N	

Abraham sprach zu Bbraham: „Kann ich mal dein Cbra ham?“

Mischmasch

In jeder Reihe passt ein Wort nicht zu den anderen. Weißt du, welches?

Birne – Erdbeere – Kartoffel – Apfel – Melone

Schrank – Bett – Stuhl – Wolke – Kommode

Bus – Zug – Hund – Auto – Fahrrad

Füller – Bleistift – Kreide – Computer – Filzstift

Silbenrätsel

Lies dir die Umschreibungen durch. Bilde dann aus den Silben auf den Blättern die gesuchten Begriffe.

1. So heißt ein gelb-schwarzer Molch.
2. Da sind Schulsachen drin.
3. Hier kannst du Wörter nachschlagen.
4. Der hilft dir, wenn du mit dem Kopfrechnen nicht weiterkommst.

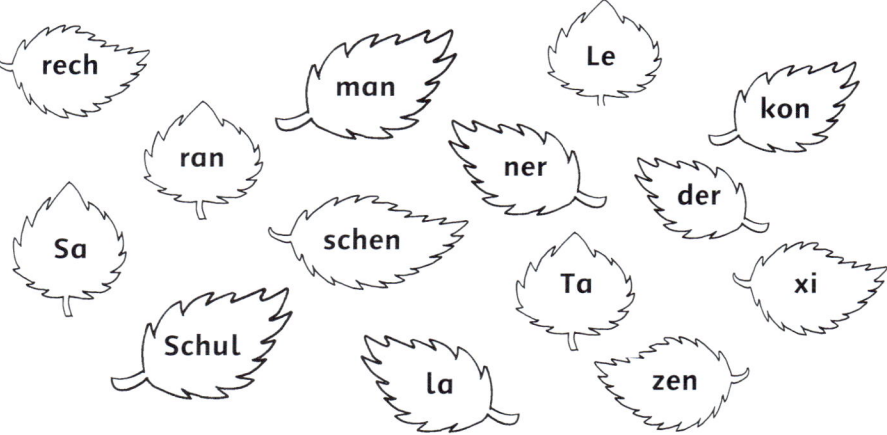

Zahlendieb

In diesen Wörtern sind die Zahlen gestohlen worden. Ersetze die Herzen durch ein Zahlwort, damit sie wieder vollständig sind.

Verd♥   Ab♥gung   Run♥se   ♥enbein   ♥pruch   Kla♥

✨ Buchstabenzauberei

Der Zauberer Abeze hext in vier Schritten aus dem Wort TAUB das
Wort RUHM. Dabei verändert er bei jedem Zauberschritt immer
nur einen Buchstaben so, dass ein neues, sinnvolles Wort entsteht.
Wie macht er das? Schreibe die Zauberschritte auf ein Blatt.

TAUB
1.
2.
3.
4. RUHM

Versuche den ersten
Zauberschritt mit dem
Anfangsbuchstaben R.

Tipp

Lückenhaft

Tom hat einen Hund. Wenn du statt der Pfotenabdrücke
die richtigen Wörter einsetzt, weißt du, wie er aussieht.

> **Auge – schwarzen – Halsband – rechte –
> breite – lockig – Ohren**

Foxi hat eine 🐾 Schnauze und einen langen Hals.

Sein Fell ist braun und 🐾 .

Am Rücken hat er einen 🐾 Fleck und auch seine 🐾

Vorderpfote ist schwarz.

Er hat ein blaues und ein braunes 🐾 .

Um den Hals trägt er ein rotes 🐾 , auf dem sein Name steht.

Wenn er rennt, dann flattern seine langen 🐾 im Wind.

Das sieht lustig aus.

Verschoben

Anna hat ihrer Freundin eine geheime Botschaft geschrieben.
Kannst du sie lesen? Schreibe die Nachricht auf ein Blatt.

IC HHA BEE INE NDIC KE
NFROS CHI NDE INEMS
CHULR ANZE NVE RST
ECKT.

Quatsch-Sätze

Was fällt dir bei diesen Sätzen auf?

Alle Eidechsen isst Oma ungekocht.
An Erntedank ist Olga untergetaucht.
Auf Eisbären ist oft Ungeziefer.
Alte Elefanten irren oft umher.

Überlege dir selbst auch solche Sätze.

Schau dir die Anfangs-
buchstaben der einzelnen
Wörter an.

Tipp

Wer bin ich?

Mit S bin ich unten an deiner Hose.
Mit B wachsen Äpfel an mir.
Mit R kannst du dich in mir aufhalten.
Mit Tr komme ich nachts zu dir.

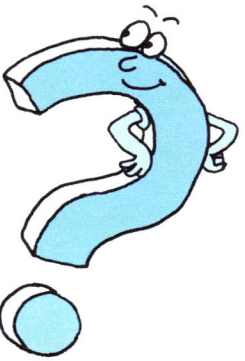

Wörterpuzzle

Kai hat Wörter gepuzzelt. Vier Buchstaben sind noch übrig.
An welcher Stelle muss er diese jeweils anfügen, sodass ein neues
Wort entsteht?

Buchstabenkekse

Das Krümelmonster hat einige Buchstabenkekse gefressen.
Kannst du die Redensarten trotzdem lesen?
Schreibe die fehlenden Buchstaben auf ein Blatt Papier.
Wie oft kann man aus diesen Buchstaben das Wort „Kekse" legen?

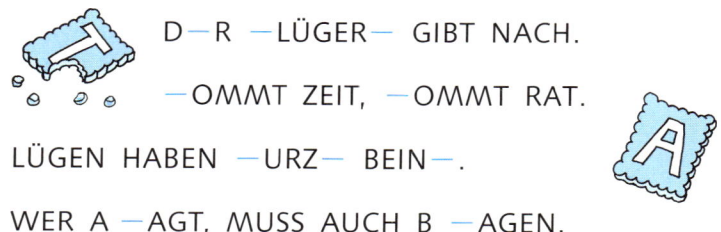

D—R —LÜGER— GIBT NACH.

—OMMT ZEIT, —OMMT RAT.

LÜGEN HABEN —URZ— BEIN—.

WER A —AGT, MUSS AUCH B —AGEN.

Der Anfang vom Ende

Für mindestens 2 Spieler

Ihr braucht:
→ *Zettel, Stift*

Spielanleitung
Bei diesem Spiel nennen die Mitspieler der Reihe nach Begriffe.
Dabei muss jeder Begriff immer mit dem Buchstaben beginnen, mit
dem das zuletzt genannte Wort endete.

Sucht euch ein Thema aus, zum Beispiel Tiere. Ein Spieler nennt
ein Tier (z. B. Giraffe). Da das Wort Giraffe mit dem Buchstaben E
endet, muss der nächste Spieler ein Tier mit diesem Anfangsbuchstaben finden (z. B. Esel). Nun muss der nächste Spieler einen
Tiernamen mit dem Anfangsbuchstaben L finden (z. B. Lama,
Luchs etc.).

Achtung: Kein Begriff darf doppelt genannt werden. Damit
ihr wisst, welche Wörter bereits genannt wurden, schreibt
ihr diese auf einen Zettel.

Das Spiel endet, wenn ein Spieler kein neues Wort mit dem
richtigen Anfangsbuchstaben mehr weiß oder einen Begriff
nennt, der schon gefallen ist.

Wort-Bingo

Für mindestens 2 Spieler

Ihr braucht:
- → **30 kleine Notizzettel**
- → **ein Blatt Papier pro Spieler**
- → **Stifte**

Spielanleitung:

Schreibt auf die Notizzettel verschiedene Wörter – pro Zettel ein Wort. Das können Substantive, Adjektive oder Verben sein. Nun malt jeder Mitspieler ein Bingo-Spielfeld mit 16 Feldern (vier Felder lang und vier Felder breit) auf sein Blatt und trägt in jedes Feld eines der Wörter, die auf den Zetteln stehen, ein. Jetzt legt ihr die Notizzettel verkehrt herum auf den Tisch, sodass die Schrift nicht lesbar ist. Ein Spieler deckt einen Zettel auf und liest den Begriff laut vor. Jeder schaut, ob er diesen Begriff in seinem Bingo-Spielfeld findet und kreuzt ihn an. So wird ein Begriff nach dem anderen gezogen und vorgelesen.
Wer zuerst vier Wörter senkrecht, waagerecht oder diagonal angekreuzt hat, ruft laut BINGO und hat gewonnen.

Beispiel

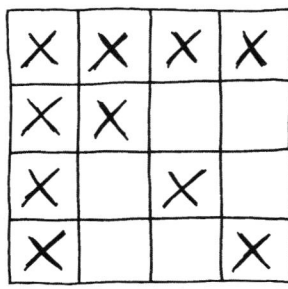

Wenn ihr die Spielzeit verkürzen möchtet, malt ihr ein Bingo-Spiel mit nur neun Feldern. Es gewinnt dann derjenige, der zuerst drei Felder senkrecht, waagerecht oder diagonal angekreuzt hat.
Für diese Spielvariante benötigt ihr nur 15 Notizzettel.

Postkarten-Schnipselei

Welche der unten abgebildeten Bildausschnitte passen zu dem großen Bild?

Turmbau

Aus wie vielen Würfeln besteht dieser Turm?
Achtung: Du kannst nicht alle Würfel sehen.

Du kannst den Turm auch
mit Bausteinen nachbauen
und die Steine
zählen.

Tipp

Zahlen tippen

Tippe mit dem Finger die Zahlen von 1 bis 100 in der richtigen
Reihenfolge an. Stoppe die Zeit. Wie lange hast du gebraucht?

34	1	45	70	17	22	6	11	30	3
13	51	60	33	43	32	46	56	80	41
8	18	83	19	71	2	42	67	47	81
29	61	21	82	37	72	20	74	12	68
52	50	91	49	84	66	73	48	94	57
23	14	25	4	15	92	10	93	31	79
86	39	85	62	88	69	38	95	40	96
53	65	64	9	36	89	5	75	78	7
26	28	35	44	63	90	99	55	58	98
100	27	24	87	16	54	76	97	77	59

Wortschnüffler

Wie oft entdeckst du das Wort „Ast" in diesem Text?
Achtung: Das Wort kann am Anfang, am Ende oder mitten in einem anderen Wort stehen.

Jens geht mit seinem Hund Wastl, einem Mastino, spazieren. Sie gehen langsam die Straße entlang, da rast ein Lastwagen vorbei und verliert einen Teil seiner Last. Ein großer, brauner Kasten fällt herunter. „Hast du das gesehen, Wastl?", ruft Jens. Hastig packt er Wastl am Halsband und bindet ihn an einem Kastanienbaum fest. Er zieht den Kasten zur Seite, damit kein Unfall passiert und schaut, was sich darin befindet. Ein Glastisch – fast unbeschädigt. Der Lastwagenfahrer läuft herbei und lädt Jens zum Dank für seine schnelle Hilfe auf einen Riesenteller Pasta ein. Wastl bekommt einen Plastikknochen, den er allerdings gar nicht mag und ganz schnell in einem Asternbeet vergräbt.

Was ist richtig?

Wo stimmen das Wort und die Form überein?
Versuche die Aufgabe möglichst schnell zu lösen.

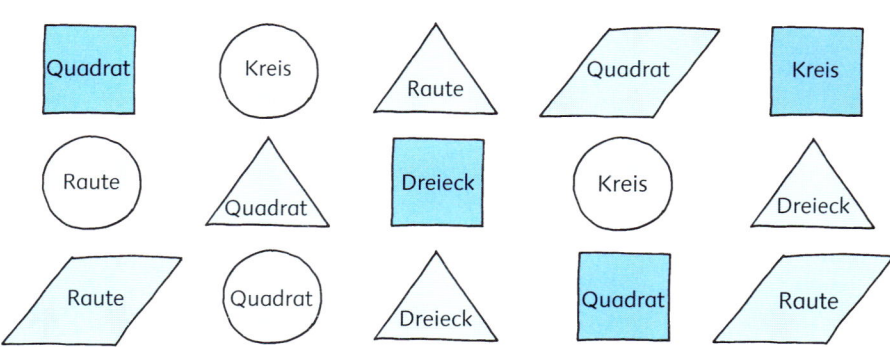

Spiegelverkehrt

Hier haben sich neun Fehler in das Spiegelbild gemogelt.
Findest du sie?

Formen-Kuddelmuddel

Wie oft findest du diese Formen ◯ △ ⌒ in dem Kasten?

Schattenbilder

Die Kuh Karla sucht ihr Schattenbild. Kannst du ihr helfen?

Leinen-Trick

Beim Spielen sind die Leinen der Hunde durcheinandergeraten.
Wenn du herausfindest, welche Leine zu welchem Hund gehört,
weißt du auch, wie die Hunde heißen. Verfolge die Linien nur mit
den Augen.

Tippfehler

Tom hat seinen Namen ganz oft auf der Tastatur des Computers
getippt. Manchmal hat er allerdings eine falsche Taste erwischt.
Wie schnell findest du die Fehler? Stoppe die Zeit mit einer
Stoppuhr.

TOMTOMTOMTOMTOMTOMTIMTLMTOMTOMTOMTJMTOM
TOMKTOMTOMTOMMTOKTOMTOMTOMTOMTOMTOITOM
TOMTOMTOMTOMITOMLTOMTOMTOMTOMTONTOMTOM

Perlenkunterbunt

Pia fädelt Perlen auf eine Kette auf. Sie will immer diese Reihenfolge einhalten: △ ▢ ⟋▢ ○
Wo stimmt die Reihenfolge nicht?

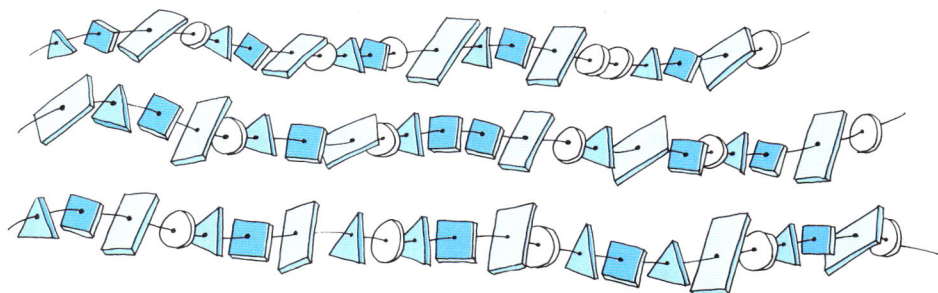

Würfelknobelei

Wenn du einen Würfel aus Papier auffaltest und das Papier flach hinlegst, erhältst du sein Körpernetz. Aus welchem dieser Netze ergibt sich beim Zusammenfalten wieder ein Würfel?

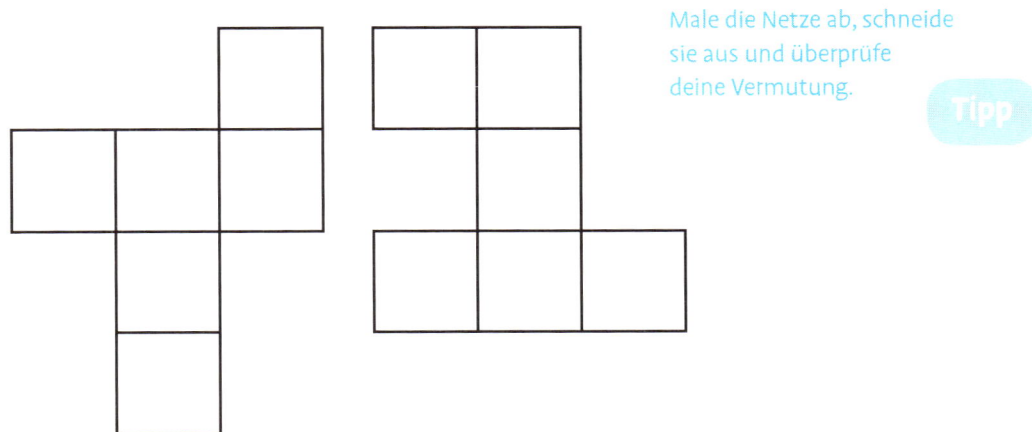

Male die Netze ab, schneide sie aus und überprüfe deine Vermutung.

Tipp

Schau genau!

Welcher Hut ist höher? Ist die Krempe des Hutes breiter als der Hut hoch ist?

Überprüfe deine Vermutung, indem du ein Lineal zur Hand nimmst.

Tipp

Zahlenkolonnen

Welche zwei Zahlenkarten sind genau gleich?

1

```
11228554789632
14577411256365
89998712536458
77854123698745
63214555788999
65412223365897
41222335888965
```

2

```
11228554789632
14577411256365
89912712536458
77854123698745
63214555788999
65412223365897
41222335888965
```

3

```
11228554789632
14577411256365
89998712536458
77854123698745
63214555788999
65412223365897
41222335608965
```

4

```
11228554789632
14577411256365
89998712536458
77854123698745
63214555788999
65412223365897
41222335888965
```

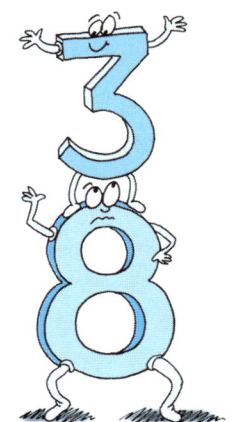

Lauscher aufgesperrt!

Für mindestens 2 Spieler

Ihr braucht:
→ **mehrere kleine, gleich aussehende Schachteln**
   (z. B. Streichholzschachteln oder Filmdöschen)
→ **verschiedene kleine Gegenstände**
   (Steinchen, Reis, Pfefferkörner, Sand, Watte, Papierschnipsel,
   Murmeln, Perlen, Geldstücke, Holzstückchen, Büroklammern,
   Reißzwecken, Salz, Lego-Teile ...)

Spielanleitung:
Füllt immer in zwei Schachteln oder Döschen das gleiche Material
und verschließt das Behältnis.

Stellt alle Schachteln auf den Tisch und versucht durch Schütteln
herauszufinden, welche zusammengehören. Wer hat als Erstes ein
Paar entdeckt?

Wenn ihr zu Spürhunden werden wollt,
könnt ihr das Ganze auch mit Düften
machen. Dann einfach immer einen
Wattebausch mit etwas Duftendem
(z. B. Rasierwasser, Zitronensaft, Essig,
Aromaöl, Zimt) bestreuen oder beträu-
feln und in die Schachtel legen. Nun
könnt ihr mit geschlossenen
Augen die Paare erschnüffeln.

Tipp

Fühl mal!

Für mindestens 2 Spieler

Ihr braucht:
→ **einen Beutel oder eine Stofftasche, mehrere kleine Gegenstände**
   (Lego-Steine, Playmobil-Männchen, Kerzenstummel, Schlüssel,
   Murmel, Würfel, Spielstein, Batterie, kleiner Gummiball, Stift,
   Gummiband, Radiergummi, Haarband, Kamm, Stofftier, Watte-
   bausch, Nudel, Nuss …)
   Achtung: Achtet bei der Auswahl der Gegenstände darauf, dass
   ihr euch daran nicht verletzen könnt!

Spielanleitung:
Legt alle Gegenstände in den Beutel. Nun greift der erste Spieler
hinein und tastet mit geschlossenen Augen einen ab. Wenn er
errät, was er in der Hand hält, darf er den Gegenstand behalten.
Nun geht es reihum weiter, bis nichts mehr im Beutel ist.
Wer zum Schluss die meisten Gegenstände hat, gewinnt.

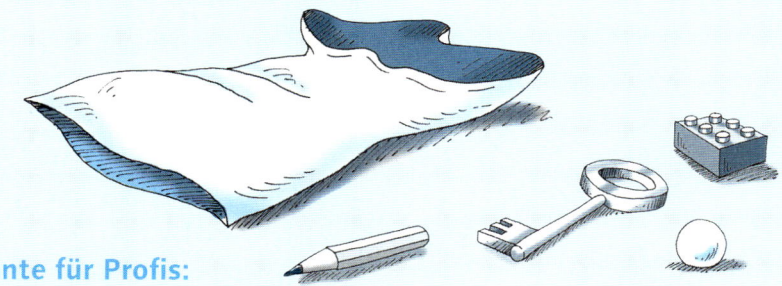

Variante für Profis:
Schneidet aus dicker Pappe
verschiedene Formen aus und
legt diese in den Beutel.
Wer erkennt die Formen richtig?

Schwieriger wird es, wenn man
nicht weiß, was sich in der
Tasche befindet.
Tipp

Überführt

Anton hat sich aus der Bücherei
ein Buch geliehen und es am Montag
nach vier Wochen zurückgebracht. Am Dienstag kommt
er wieder in die Bücherei und erklärt, dass er zwischen den
Seiten 17 und 18 einen 5-Euro-Schein im Buch vergessen hat.
Der Bibliothekar muss sich das Buch noch nicht einmal
ansehen um zu wissen, dass Anton nicht die
Wahrheit sagt. Woher weiß er das?

Nimm ein Buch zur Hand und
schau nach, wo der Schein
liegen würde.

Tipp

Wiegerätsel

Anna hat neun Würfel. Einer davon ist etwas schwerer als die
anderen. Sie legt als Erstes drei Würfel auf jede Seite der Balkenwaage. Zwei Wiegedurchgänge reichen
ihr, um herauszufinden, welches
der schwerere Würfel ist.
Wie macht sie das?

☀ Streichholzrätsel

Ordne acht Streichhölzer wie im Bild unten an.
Lege drei Hölzer so um, dass die
Spitze der Figur in die andere
Richtung zeigt.

Tauschgeschäft

Kevin und Mark sammeln Briefmarken. Kevin sagt zu Mark:
„Wenn du mir eine von deinen Briefmarken abgibst, haben wir
gleich viele."
„Aber wenn du mir eine Briefmarke gibst,
habe ich doppelt so viele
wie du", antwortet Mark.
Wer hat wie viele Briefmarken?

Warum hebt Klein Otto
die Tür aus den Angeln?
Damit keiner durchs
Schlüsselloch guckt!

Milchumschüttung

Bauer Anton soll 4 Liter Milch abliefern. Er hat einen 10-Liter-Eimer
voll Milch. Außerdem hat er einen leeren 5-Liter-Eimer und einen
leeren 3-Liter-Eimer. Wie kann er 4 Liter abmessen?

Passwort bitte!

Die Ritter Hinz, Kunz und Franz wollen zu einem Turnier auf die
Burg Adlerfels. Am Burgtor stellen sie fest, dass man hier immer ein
Passwort nennen muss, um eingelassen zu werden. Sie beobachten
die anderen Leute. Der Torwächter sagt: „Hund und Schnauze.
Mensch und … ?" Eine Frau antwortet „Nase" und wird eingelassen.

Der Wächter sagt zu Hinz: „Katze und Kralle. Mensch und …?"
Zu Kunz sagt er: „Löwe und Mähne. Mensch und …?"
Und zu Franz sagt er: „Hase und Löffel. Mensch und …?"

Was müssen die drei antworten, um in die Burg zu gelangen?

Elefantenmarsch

Im Zirkus geht ein Elefant vor zwei anderen Elefanten in der Manege her. Ein Elefant geht zwischen zwei Elefanten und ein Elefant geht hinter zwei Elefanten.
Wie viele Elefanten sind in der Manege?

Münzenschieberei

Aus diesem Dreieck mit neun Münzen soll ein Quadrat werden.
Achtung: Du darfst nur zwei Münzen verschieben.

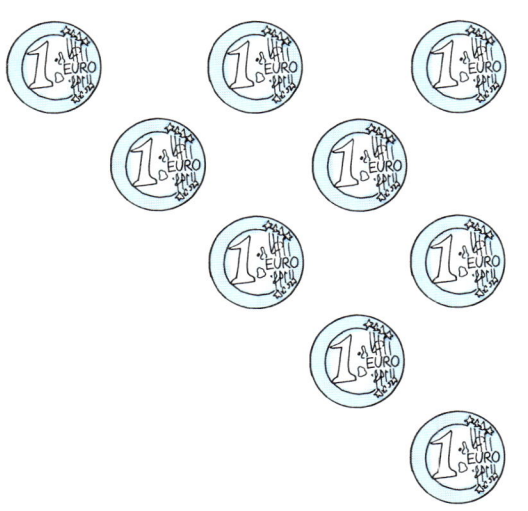

Nimm neun gleich große Münzen und probiere es aus.

Tipp

Tantchen gesucht

Mara hat vier Tanten. Eine davon ist ihre Lieblingstante Xenia.
Findest du heraus, welche der Tanten Xenia ist?

Xenia trägt ein gepunktetes Kleid.
Die Lieblingstante hat einen Hut auf dem Kopf.
Sie hat eine gerade Anzahl Punkte auf dem Kleid.
Xenia trägt keine Brille.

Gefräßige Bande

Max möchte einen Fluss überqueren und hat einen großen Käse,
eine Maus und eine Katze dabei. Ins Boot passen nur Max und
der Käse oder Max mit einem der Tiere. Solange Max dabei ist,
passiert niemandem etwas, doch wenn sie alleine gelassen werden,
frisst die Maus den Käse und die Katze die Maus. Wie kann Max
alles heil ans andere Ufer bringen? Wie viele Überfahrten sind
dazu nötig?

Hasenpfote unterwegs

Hase Hoppel muss durch das Labyrinth, um zu seiner Karotte zu kommen. Er darf sich nur waagerecht oder senkrecht (nicht diagonal) fortbewegen und unterwegs nicht die Richtung ändern, bis er auf einen Pfeil oder ein Herz stößt. Kommt er zu einem Pfeil, muss er in Pfeilrichtung gehen, bei einem Herz darf er die Richtung frei wählen. Welcher Weg führt zur Karotte?

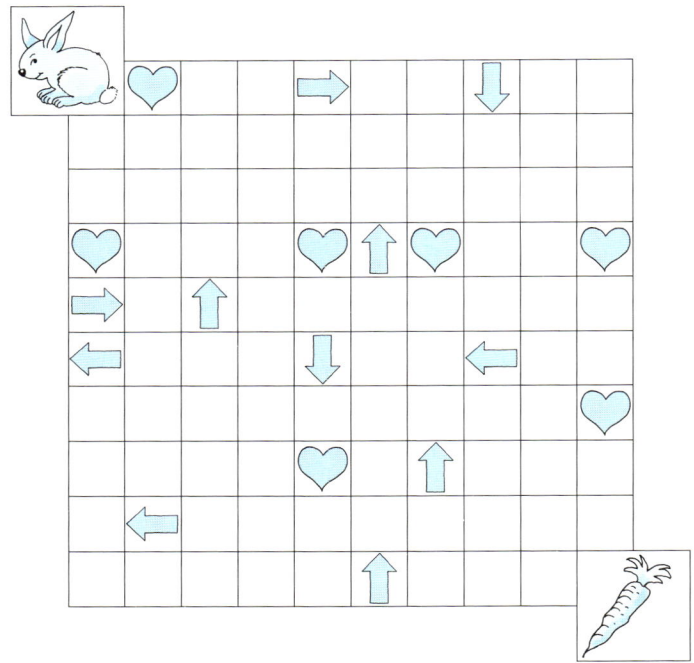

Einrad-Rekord

Vier Kinder versuchen mit ihren Einrädern auf einer Linie entlang-zufahren. Anna schafft es weniger lang als Simon und Marc. Simon kommt schneller von der Linie ab als Marc, aber nicht so schnell wie Nina. Wer bleibt am längsten auf der Linie?

Magische Männchen

Schneide aus Papier ein Quadrat aus (etwa 12 cm mal 12 cm) und unterteile es so wie in der Abbildung unten. Schneide die einzelnen Teile aus. Kannst du die beiden tanzenden Männchen rechts nachlegen?

Farbenspielerei

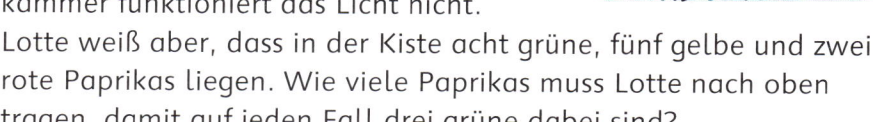

Die Mutter bittet Lotte, in der Speisekammer drei grüne Paprikas zu holen. In der Speisekammer funktioniert das Licht nicht.
Lotte weiß aber, dass in der Kiste acht grüne, fünf gelbe und zwei rote Paprikas liegen. Wie viele Paprikas muss Lotte nach oben tragen, damit auf jeden Fall drei grüne dabei sind?

Geschenke-Rätsel

Jana, Elias, Sonja und Felix schenken je einer Person einen Gegenstand. Übertrage die Tabelle unten auf ein Blatt.
Lies die fünf Aussagen und finde heraus, welches Kind welcher Person welchen Gegenstand geschenkt hat.

1. Jana hat entweder ihren Onkel oder ihre Tante beschenkt.
2. Elias hat eine Vase verschenkt.
3. Sonjas Tante hat sich über die Blumen gefreut.
4. Felix hat etwas für seinen Vater ausgesucht.
5. Der Gutschein wurde von einem Mädchen verschenkt.

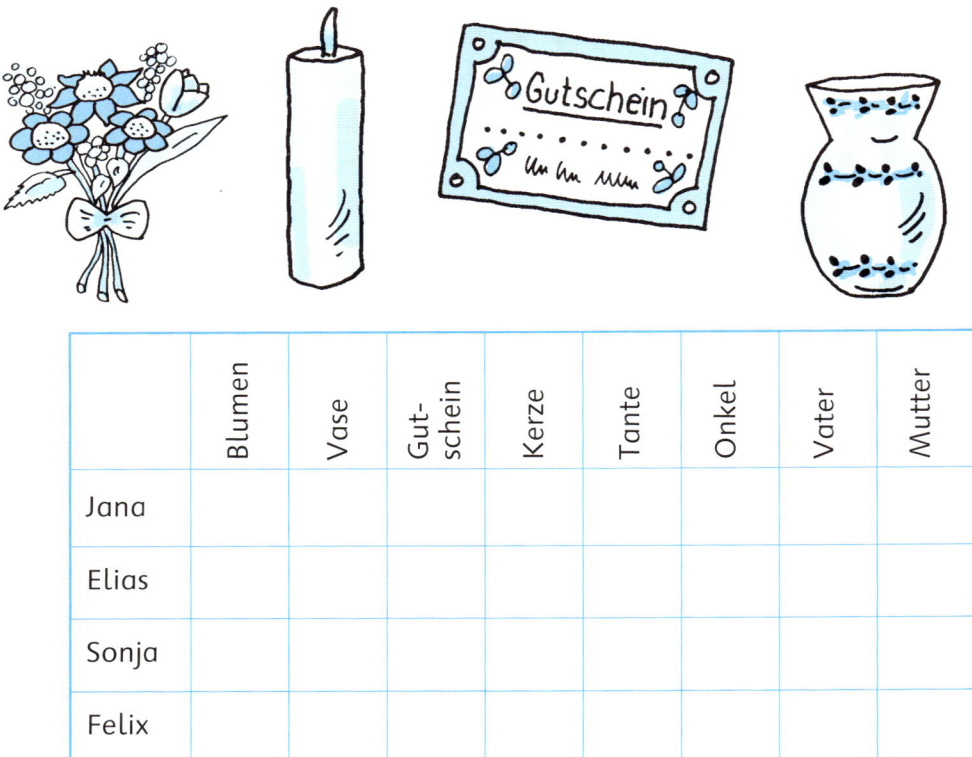

	Blumen	Vase	Gut-schein	Kerze	Tante	Onkel	Vater	Mutter
Jana								
Elias								
Sonja								
Felix								

Feurige Knobelei

Für mindestens 2 Spieler

Ihr braucht:
→ **drei Streichhölzer pro Spieler**

Spielanleitung:
Alle Spieler setzen sich an den Tisch. Jeder versteckt die Hände unter dem Tisch und nimmt in die rechte Hand so viele seiner drei Streichhölzer, wie er möchte, eins, zwei, drei oder auch keins.
Nun legen alle Mitspieler ihre rechte Hand auf den Tisch. Es soll erraten werden, wie viele Streichhölzer alle Spieler zusammen in der Hand haben.

Alle geben reihum ihren Tipp ab. Dann wird nachgeschaut.
Wer richtig getippt hat, darf eins seiner Streichhölzer weglegen.

Wer zuerst keine Streichhölzer mehr hat, hat gewonnen.

Achtet darauf, wie viele Hölzchen jeweils im Spiel sind.

Tipp

Schiffe versenken

Für 2 Spieler

Ihr braucht:
→ **zwei Blatt kariertes Papier pro Spieler**
→ **Stifte**

Spielanleitung:
Zeichnet auf jedes der Blätter einen Spielplan wie unten angegeben. Nun trägt jeder Spieler seine Schiffe in einen Plan ein. Die Schiffe können waagerecht und senkrecht eingezeichnet werden, sie dürfen sich aber nicht berühren.
Jeder versucht nun, die Schiffe des Gegners zu treffen. Markiert Einschläge des Gegners auf dem eigenen Spielplan und Einschläge beim Gegner auf dem anderen. Auch wenn nicht getroffen wurde, solltet ihr das kennzeichnen.
Gewinner ist, wer als Erster alle gegnerischen Schiffe versenkt hat.

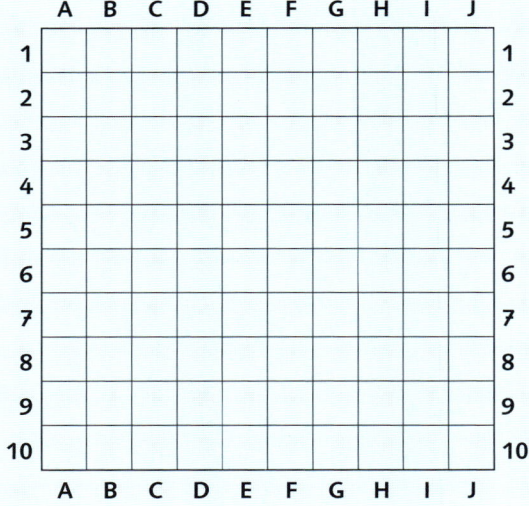

Diese Schiffe stehen jedem zur Verfügung:

4 Minensucher

4 Fregatten

2 Kreuzer

2 Schlachtschiffe

Kofferpacken

Schau dir die Bilder an und decke sie dann ab. Schreibe auf ein Blatt Papier die Gegenstände, die du dir gemerkt hast.

Ellenlange Namen

Die Freunde von Häuptling Schlauer Fuchs haben sehr lange Namen. Präge sie dir ein, klappe das Buch zu und schreibe sie auf ein Blatt. Hast du alle Namen noch gewusst?

Häuptling Kichererbsenbrei-mit-Tomatensoße-auf-dem-Kopf
Häuptling Der-sich-im-Sand-mit-dem-Wüstenhund-wälzt
Squaw Schlank-wie-eine-Gazelle-und-schnell-wie-der-Wind
Squaw Mit-vielen-Sommersprossen-im-Gesicht-und-langem-Haar

Bildermemo

Schau dir die Tabelle genau an und präge dir die Bilder ein.
Klappe dann das Buch zu und male eine Tabelle mit 4 x 4 Feldern
auf ein Blatt. Schreibe in jedes Feld, was dort hingehört.

„Ich mag keinen Käse mit
Löchern", mault Peter.
„Dann iss nur den Käse und
lass die Löcher liegen",
antwortet seine Mutter.

Gut gemerkt Teil 1

Präge dir die Adressen gut ein. Gehe dann zu Seite 44.
Kannst du die Fragen beantworten?

Lisa Fröhlich
Schillerstraße 48
20095 Hamburg

Franz Schmidt
Gartenstraße 13
80333 München

Ute Müller
Bahnhofstraße 41
10115 Berlin

Thomas Schwarz
Tulpenweg 5
51105 Köln

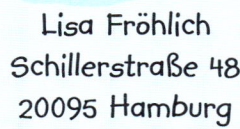 Ganz ordentlich Teil 1

Udo ist sehr ordentlich und alle seine Bücher müssen immer am
selben Platz im Regal stehen. Präge dir gut ein, wo welches Buch
steht, und blättere dann auf die Seite 42.

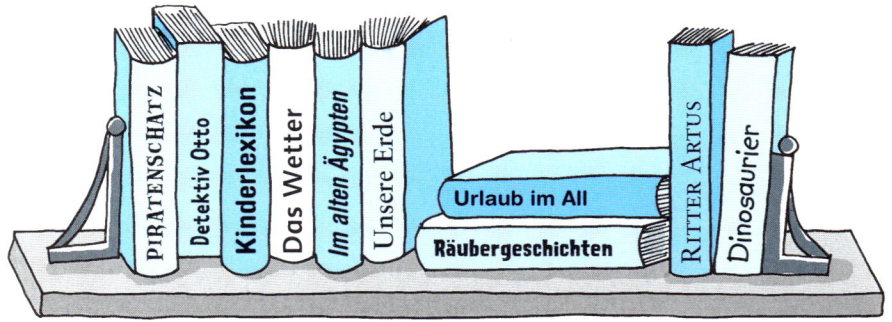

Superhirn!

Präge dir die Hobbys der Kinder gut ein. Decke dann die Liste ab.
Kannst du die Hobbys richtig wiedergeben?

Bert: Badminton
Lina: Lesen
Rita: Reiten
Hannes: Hockey
Felix: Fußball
Carsten: Computerspielen
Timo: Turmspringen
Veronika: Voltigieren

☀ Viele Geschenke

Sarah hat zum Geburtstag tolle Geschenke bekommen. Sie hat sich
aufgeschrieben, welches Geschenk von wem war. Lies die Liste
einmal aufmerksam durch und decke sie dann ab.

Onkel Heino: Inliner
Oma Grete: Pullover
Tante Karin: Buch
Opa Alfons: Sporttasche
Cousine Nicky: Computerspiel
Patentante Ann: Ballettschuhe

Am nächsten Tag besucht Sarah ihre Patentante Ann, um sich für
das Geschenk zu bedanken. Was hat Sarah von ihr bekommen?

Kopfkino

Lena war mit ihren Freunden im Kino. Präge dir ein, wer wo saß.
Klappe das Buch zu und schreibe die Namen richtig angeordnet auf
ein Blatt.

Bilderrätsel Teil 1

Schau dir dieses Bild genau an und blättere dann auf die Seite 43
des Buches.

Ganz ordentlich Teil 2

Udos Bruder Lars hat sich drei Bücher ausgeliehen und sie an die falsche Stelle zurückgestellt. Weißt du, welche es sind?

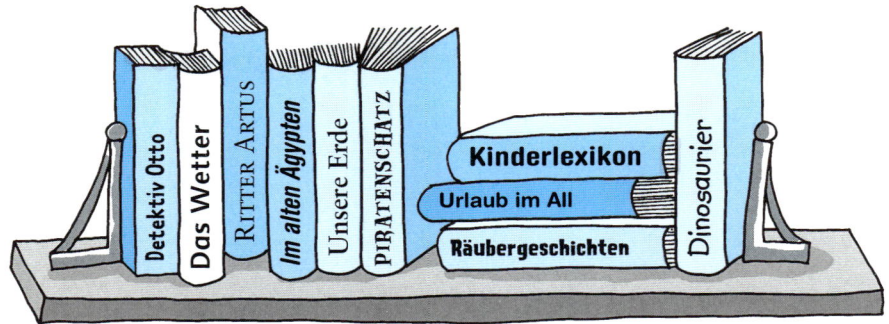

Familienbande

Lies den Text aufmerksam durch, decke ihn dann mit einem Blatt Papier ab und beantworte die Fragen unten.

Carl ist neun, er ist das jüngste von vier Geschwistern. Sein ältester Bruder Tobias ist 21 Jahre alt und wohnt in Bonn. Sein zweitältester Bruder heißt Sven und ist 14. Mit ihm spielt Carl gerne Fußball, Hockey oder Schach. Beim Schach gewinnt meistens Sven. Seine Schwester Helena ist nur zwei Jahre älter als Carl, sie erzählt die besten Witze und kann die Stimme von Tante Trude genau nachmachen. Allerdings macht sie Ballett, das findet Carl langweilig.

1. Wie viele Geschwister hat Carl?
2. Wie heißt Carls Tante?
3. Was spielt er gern mit Sven?
4. Wo wohnt Tobias?
5. Wie alt ist Helena?

Zauberspiegel

Luke hat ein beschriebenes Blatt vor den Zauberspiegel gelegt.
Decke das Blatt links ab und schaue die spiegelverkehrten Wörter an.
Der Zauberspiegel hat drei Wörter verändert. Findest du sie?

Ball	Reh	Drachen	nǝɥɔɒɹD	ɥǝꓤ	llɒꓭ
Linse	Wolke	Feuer	ɹǝnǝꟻ	ǝʞloW	ǝsniꓶ
Apfel	Schnee	Bad	ʇʇǝꓭ	ǝǝuɥɔS	lǝɟqA
Tee	Bär	Holz	zloH	ɹäꓭ	ǝǝT
Wecker	Buch	Gras	sɒlꓨ	ɥɔuɒꓭ	ɹǝʞɔǝW
Regal	Spitzer	Heft	ʇɟǝH	ɹǝzʇiqS	lɒgǝꓤ
Sieb	Gnu	Fluss	ssulꟻ	unꓨ	qǝiS

Bilderrätsel Teil 2

Hier sind acht Dinge anders als auf dem Bild von Seite 41. Findest
du die Unterschiede?

Gut gemerkt Teil 2

1. In welcher Stadt lebt Lisa Fröhlich?

2. Wer wohnt in der Bahnhofstraße 41?

3. Wie heißt Herr Schwarz mit Vornamen?

4. In welcher Straße wohnt Franz Schmidt?

Wie kann man ein
Glas austrinken,
ohne es zu berühren?

Mit einem Strohhalm

Gutes Gedächtnis

Victor muss sich keine Telefonnummern aufschreiben – er kann sich
diese merken. Du auch?
Lies die Namen und die Telefonnummern. Decke nun die Liste ab
und sieh dir die Nummern auf den drei Abbildungen an. Weißt du,
wer gerade anruft?

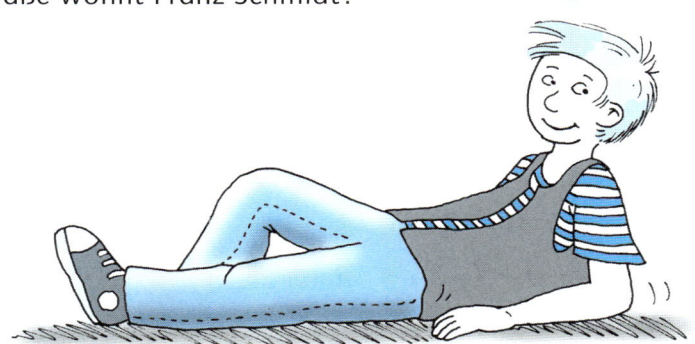

Klaus: 1288772
Ali: 7412347
Vassily: 2585412
Sabine: 8723471
Vermieter: 3725789
Oma Alma: 6911478

1 2585412

2 6911478

3 1288772

Wo liegt was?

Für 2 Spieler

Ihr braucht:
→ **ein Kartenspiel**
→ **ein Blatt Papier**
→ **zwei Stifte**

Spielanleitung:
Setze dich deinem Partner gegenüber. Nimm aus dem Kartenspiel
fünf Karten und lege sie verdeckt in einer Reihe vor dir aus. Nun
werden die Karten aufgedeckt. Schreibe die Reihenfolge der Karten
auf den Zettel, während dein Mitspieler sich die Lage der Karten
einprägt. Dann werden die Karten wieder umgedreht.

Nun fragst du deinen Mitspieler, wo eine bestimmte Karte liegt.
Wenn er auf die richtige Karte zeigt, bekommt er einen Punkt.
Wurde falsch geraten, wird die Karte wieder umgedreht. Nach fünf
Fragen endet die Runde und es wird gewechselt.

Wer nach drei Runden die
meisten Punkte hat, gewinnt.

Blick ins Zimmer

Für mindestens 2 Spieler

Ihr braucht:
→ *Papier*
→ *Stifte*

Spielanleitung:
Geht in ein Zimmer eurer Wahl und seht euch genau um. Versucht euch möglichst viele Gegenstände einzuprägen. Nach einer Minute geht ihr aus dem Zimmer. Ein Spieler bestimmt einen Buchstaben. Nun nimmt jeder ein Blatt Papier und notiert alle Gegenstände, die sich in dem Raum mit diesem Anfangsbuchstaben befinden. Wer hat sich die meisten Gegenstände gemerkt? Zum Schluss wird überprüft, ob die Gegenstände im Zimmer zu finden sind.

Was fehlt?

Für 2 Spieler

Spielanleitung
Wähle aus einem Memory-Spiel fünf bis zehn Karten mit unterschiedlichen Motiven aus. Lege sie vor deinem Mitspieler aus. Wenn er sich die Karten eingeprägt hat, nimmst du sie auf die Hand und legst eine weg. Die übrigen Karten legst du wieder offen aus. Dein Partner muss nun das fehlende Bildmotiv nennen. Schafft er es, bekommt er einen Punkt. Dann wird gewechselt. Wer nach fünf Runden die meisten Punkte hat, gewinnt.

Zahlenlabyrinth

Raupe Rudi Rosenblatt darf nur Zahlenfelder betreten, deren Zahlen durch 9 teilbar sind. Er darf sich nur waagerecht und senkrecht fortbewegen. Wie kommt er zu seinem Lieblingsblatt?

8	32	15	56	40	72
42	60	28	90	18	36
35	81	45	63	25	7
21	9	16	48	64	24
27	54	46	14	6	50

Überprüfe die Teilbarkeit durch 9 mit der Quersumme.

Tipp

Fehl am Platz

Welche Zahl passt nicht in die Reihe?

a) 18 36 45 27 55 9
b) 42 48 14 21 35 28
c) 96 48 70 84 36 60

🔆 Rechenzeichen gesucht

Welche Rechenzeichen fehlen? Schreibe die Aufgaben mit den richtigen Rechenzeichen (+, −, x oder :) auf ein Blatt Papier.

a) 6 ☆ 8 ☆ 35 ☆ 56 = 27

b) 28 ☆ 35 ☆ 7 ☆ 48 = 57

c) 43 ☆ 37 ☆ 6 ☆ 64 = 100

Verzwickte Rechenrätsel

1. Robin hat auf dem Flohmarkt drei Tage lang seine alten Spielsachen verkauft und hat insgesamt 247 Euro eingenommen. Am ersten Tag waren 58 Euro in seiner Kasse. Am zweiten Tag kamen 97 Euro dazu. Wie viel Geld hat er am dritten Tag verdient?

2. Stefan, Anne und Lisa bauen Türme aus Bauklötzen.
Stefans Turm ist 3 cm niedriger als der von Lisa, aber 5 cm höher als der von Anne. Wer hat den höchsten Turm gebaut?

3. Bert sagt: „Ich habe für die Hausaufgaben in Mathe nur 10 Minuten und 20 Sekunden gebraucht."
Chris prahlt: „Da war ich schneller, ich habe nur 700 Sekunden gebraucht."
War Chris wirklich schneller?

Rechne alle Zeitangaben in Sekunden um.

Tipp

Zahlenriesen – Zahlenzwerge

Rechne die Aufgaben und ordne die Ergebnisse der Größe nach.
Beginne mit dem kleinsten Ergebnis.

a) siebenundachtzig minus dreiundzwanzig
b) achthundertachtundzwanzig plus neunzehn
c) dreizehn mal fünf
d) neunhundertneunundneunzig
   geteilt durch neun

Der Lehrer fragt: „Wie heißt die
Befehlsform von ‚Schweigen'?"
Sina antwortet: „Pssst!"

Zahlenspielerei

Weißt du, welche Zahlen in den
blauen Feldern fehlen?

18	x		=	36
+		+		–
	–	12	=	
=		=		=
	–		=	26

Sammelfieber

Marc sammelt Matchboxautos. Er schreibt auf, wie viele er schon
hat. Wenn er von dieser Zahl 50 subtrahiert, das Ergebnis halbiert,
danach 25 addiert und dieses Ergebnis
durch 3 teilt, erhält er 15.
Wie viele Matchboxautos hat Marc?

Rechne vom Ergebnis
aus rückwärts.

Tipp

Fortsetzung folgt

Kannst du die Zahlreihen fortsetzen? Finde in jeder der vier waage-
rechten Reihen jeweils die nächsten drei Zahlen.

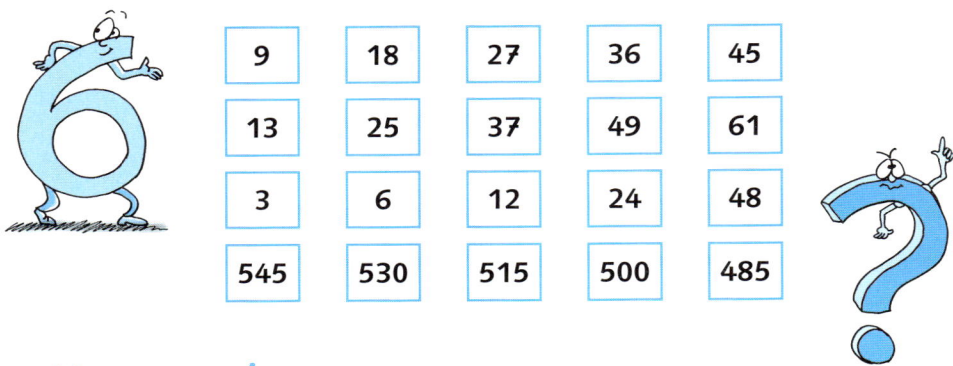

9	18	27	36	45
13	25	37	49	61
3	6	12	24	48
545	530	515	500	485

Unpassend

In jedem Kasten befindet sich eine Aufgabe, die nicht zu den
anderen passt. Welche ist es?

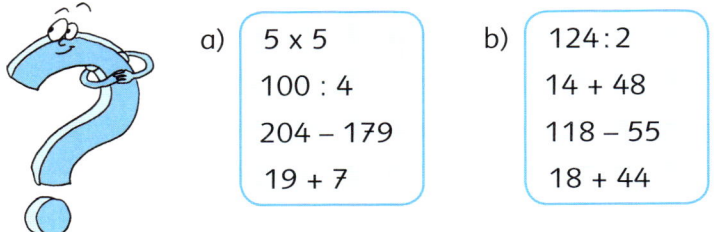

a)
5 x 5
100 : 4
204 – 179
19 + 7

b)
124 : 2
14 + 48
118 – 55
18 + 44

Volle Einkaufskörbe

Pit und Paul waren einkaufen. Wer hat weniger Geld ausgegeben?
Rechne im Kopf.

Pit		**Paul**	
3,50 Euro		2,70 Euro	
2,20 Euro		3,50 Euro	
7,80 Euro		8,00 Euro	
5,30 Euro		5,10 Euro	
0,80 Euro		0,90 Euro	
3,20 Euro		1,20 Euro	
1,40 Euro		2,10 Euro	

Würfelglück

Jana und ihre Freunde würfeln. Hier siehst du die
Augenzahlen, die sie mit ihren Würfeln erreicht haben.
Wer hat insgesamt die höchste und wer die niedrigste
Punktzahl gewürfelt?

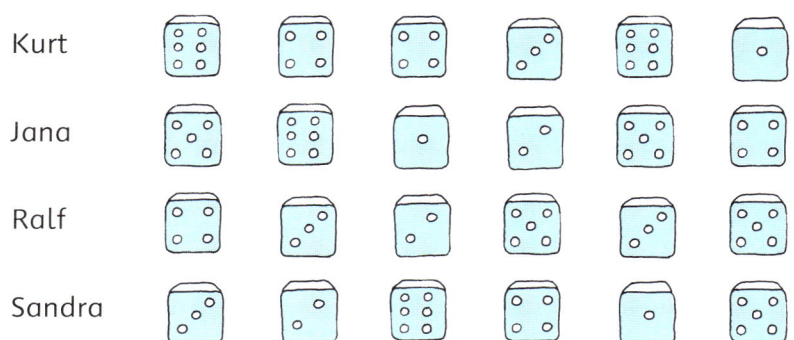

Deutschlandreise

Vom Norden Deutschlands bis zum Süden sind es 874 Kilometer.
Wie lange brauchst du zu Fuß für diese Strecke, wenn du jeden Tag
23 Kilometer zurücklegst?

Wie lange brauchst du, wenn du diesen Weg mit dem Fahrrad
fährst und täglich die doppelte Strecke zurücklegst?

Mutter: „Mein Sohn ist so begabt.
Er hat immer so originelle Einfälle."
„Stimmt", antwortet der Lehrer,
„besonders in der Rechtschreibung."

Zusammenführung

Immer drei Zahlen, aus jedem Kasten eine, ergeben zusammen eine
sinnvolle Additionsaufgabe.
Schreibe die vier Rechenaufgaben auf ein Blatt Papier.

37		444		414
59		66		139
240	**+**	80	**=**	103
321		174		765

Maßarbeit

Thomas ist ein Morgenmuffel. Damit er nur ja nicht zu früh aufsteht, stoppt er die Zeit für alles, was er morgens tut.

Zähneputzen: 2 Minuten 10 Sekunden
Waschen: 4 Minuten 20 Sekunden
Anziehen: 3 Minuten 30 Sekunden
Frühstück: 6 Minuten 30 Sekunden
Schulweg: 5 Minuten 30 Sekunden

Die Schule beginnt um 7.20 Uhr. Wann muss Thomas aufstehen?

Zahlenrätsel

Kannst du dieses Zahlenrätsel lösen?
Male 5 x 5 Kästchen auf ein Blatt Papier und trage die Lösungen ein. In jedem Feld steht eine Ziffer. In die grauen Felder wird nichts eingetragen.

A				B
		C		
	D			
E			F	

senkrecht

A 9 x 9
B verdopple 35
C 100 : 4
D 254 - 72
E 6 Wochen = ? Tage
F vervierfache 15

waagerecht

A 4 x 22
C 4 Stunden = ? Minuten
D 3 x 5
E 2 Tage = ? Stunden
F 26 + 43

Welche Zahl fehlt?

In diesem Zahlenfeld fehlt eine Zahl. Findest du heraus,
welche es ist?

10	20	28	30
3	5	8	12
7	15	20	?

Zahlenrätsel

Sieh dir die Wolken genau an und merke dir, welcher Buchstabe
für welche Zahl steht. Decke nun die Wolken ab und rechne die
Aufgaben im Kopf.

A = 1

B = 6

C = 9

D = 3

E = 5

a) A + E = _____

b) C – B = _____

c) E + D + _____ = C

d) AE – C = _____

e) D x D = _____

f) AE : _____ = E

Rechentrio

Für mindestens 2 Spieler

Ihr braucht:
- → **36 gleich große Zettel** (z. B. Notizzettel)
- → **Stifte**

Vorbereitung:
Schreibt auf zwölf Karten jeweils eine Zahl im Zahlenraum bis 100.
Das sind die Ergebniskarten. Überlegt euch zu jedem Ergebnis
zwei passende Rechenaufgaben (Additions-, Subtraktions-, Multi-
plikations- oder Divisionsaufgaben). Notiert jede Aufgabe auf einer
Karte. Auf diese Weise stellt ihr zwölf Trios her.

Spielanleitung:
Die Karten werden gemischt und jeder Spieler erhält zu Beginn drei
Karten, die restlichen Karten kommen verdeckt auf einen Stapel.
Der jüngste Spieler beginnt. Er muss aus seinen Handkarten eine
Ergebniskarte ablegen. Hat er keine, nimmt er eine Karte vom
Stapel. Wenn es eine Ergebniskarte ist, legt er sie ab. Dann ist der
nächste Spieler dran. Liegt eine Ergebniskarte in der Mitte, kann
er eine passende Rechenaufgabe darunterlegen oder eine neue
Ergebniskarte danebenlegen. Kann er keine Karten legen, zieht er
eine und darf diese legen, wenn sie passt. So geht es reihum. Ist der
Stapel aufgebraucht, wird mit den restlichen Karten weitergespielt.
Legt jemand eine Karte falsch an, muss er sie wieder aufnehmen
und eine Karte vom Stapel ziehen. Wer als Erster alle Karten
abgelegt hat, gewinnt.
Achtung: Hat ein Spieler zu Beginn ein Trio (Ergebniskarte und zwei
passende Rechenaufgaben) auf der Hand, kann er diese zusammen
auslegen, wenn er dran ist, und gewinnt das Spiel!

Stopp bei 66

Für mindestens 2 Spieler

Ihr braucht:
→ *drei Würfel*
→ *Blatt und Stift*

Spielanleitung:
Ziel des Spiels ist es, die Zahl 66 zu erwürfeln oder so nah wie möglich heranzukommen. Es wird immer mit drei Würfeln gewürfelt. Die Ergebnisse aller Würfe werden zusammengezählt. Jeder Spieler kann selbst entscheiden, wie oft er würfeln möchte. Das Würfelergebnis darf die Zahl 66 aber nicht überschreiten, sonst scheidet der Spieler aus.
Ihr würfelt reihum. Nach dem ersten Wurf wird das Ergebnis aufgeschrieben. Nach jedem weiteren Wurf wird die gewürfelte Augenzahl dazugerechnet und notiert, damit jeder Spieler immer weiß, wie hoch sein Würfelergebnis insgesamt schon ist. Wenn kein Spieler mehr weiterwürfeln will, vergleicht ihr die Würfel-ergebnisse. Derjenige, der am nächsten an der 66 ist, hat gewonnen.

Spielvariante:
Der Spieler, der gerade würfelt, kann bei all seinen Würfen die Augen geschlossen halten und die Mitspieler zählen die Punkte zusammen. Hierbei muss der Würfler nach „Bauchgefühl" ent-scheiden, wie oft er würfeln möchte, weil er ja nicht weiß, wie hoch sein Punktestand schon ist. Zum Schluss wird verglichen, wer mit seinen Blindwürfen am nächsten an der Stoppzahl angelangt ist. Diese Variante funktioniert aber nur, wenn alle Mitspieler ehrlich zueinander sind.

SPRACHRÄTSEL

Seite 7

Geburtstag im Tipi
Der Sohn heißt KLEINER FALKE.

Versteckt
COM**PUTE**R
TA**SCHE**
G**LOCKEN**SPIEL
HAU**STIER**KÄFIG
A**STERN**
KUSCHEL**ECKE**

Seite 8

Wortgitter

A	K	P	F	E	R	D	L
H	U	H	N	P	L	O	T
P	H	E	O	Z	W	H	Y
M	A	U	S	I	R	U	Ü
S	C	H	W	E	I	N	K
L	Q	T	Z	G	L	D	I
K	A	T	Z	E	J	G	T
A	W	S	C	H	A	F	H

Für Witzbolde
1. Zitrone
2. Es gibt niemals zwei Päpste gleichzeitig. Deshalb können sie sich nicht begrüßen.
3. Damit er bei Hochwasser nicht untergeht.
4. Weil sie Angst vor dem Kater haben.
5. Mit dem Buchstaben „T"

Seite 9

Durchgeschüttelt
Schnittlauch · Nudeln · Apfelsinen
Joghurt · Kirschen · Salami

Reim-Memory
Fisch – Tisch · Vase – Hase · Fliege – Wiege
Insel – Pinsel · Kuh – Schuh

Seite 10

Wortkreuze
Wortkreuz links: Ta**ss**e, Me**ss**er, A**ss**el, Se**ss**el
Wortkreuz rechts: Ta**nn**e, Re**nn**en, Ka**nn**e, Spi**nn**e

Mischmasch
Kartoffel (alles andere sind Früchte)
Wolke (alles andere sind Möbelstücke)
Hund (alles andere sind Fahrzeuge)
Computer (alles andere sind Schreibwerkzeuge)

Seite 11

Silbenrätsel
1. Sa – la – man – der
2. Schul – ran – zen
3. Le – xi – kon
4. Ta – schen – rech – ner

Zahlendieb
Verd**acht**
Ab**zwei**gung
Run**drei**se
Elfenbein
Einspruch
Kla**vier**

Seite 12

Buchstabenzauberei

TAUB
1. RAUB
2. RAUM
3. RAHM
4. RUHM

Lückenhaft

Foxi hat eine **breite** Schnauze und einen langen Hals. Sein Fell ist braun und **lockig**. Am Rücken hat er einen **schwarzen** Fleck und auch seine **rechte** Vorderpfote ist schwarz. Er hat ein blaues und ein braunes **Auge**. Um den Hals trägt er ein rotes **Halsband**, auf dem sein Name steht. Wenn er rennt, dann flattern seine langen **Ohren** im Wind. Das sieht lustig aus.

Seite 13

Verschoben

Ich habe einen dicken Frosch in deinem Schulranzen versteckt.

Quatsch-Sätze

Die Anfangsbuchstaben der Wörter sind immer die Vokale in der richtigen Reihenfolge: A E I O U.

Wer bin ich?

Saum
Baum
Raum
Traum

Seite 14

Wörterpuzzle

SCHRANKE · PINSEL · STEMPEL · AMEISE

Buchstabenkekse

Der Klügere gibt nach.
Kommt Zeit, kommt Rat.
Lügen haben kurze Beine.
Wer A sagt, muss auch B sagen.

Das Krümelmonster hat viermal den Buchstaben K, viermal den Buchstaben E und zweimal den Buchstaben S gefressen. Damit kann man zweimal das Wort „Kekse" legen.

KONZENTRATIONSÜBUNGEN

Seite 17

Postkarten-Schnipselei

Passende Bildausschnitte: B, D, E, H

Seite 18

Turmbau

Der Turm besteht aus 46 Würfeln. In der untersten Ebene liegen 32 Würfel, in der Ebene darauf liegen 10 Würfel, in der dritten Ebene von unten liegen 3 Würfel und ganz oben liegt ein Würfel.

Seite 19

Wortschnüffler

Das Wort „ast" ist insgesamt 19-mal im Text versteckt.

Jens geht mit seinem Hund W**ast**l, einem M**ast**ino, spazieren. Sie gehen langsam die Straße entlang, da r**ast** ein L**ast**wagen vorbei und verliert einen Teil seiner L**ast**. Ein großer, brauner K**ast**en fällt herunter. „H**ast** du das gesehen, W**ast**l?", ruft Jens. H**ast**ig packt er W**ast**l am Halsband und bindet ihn an einem K**ast**anienbaum fest. Er zieht den K**ast**en zur Seite, damit kein Unfall passiert und schaut, was sich darin befindet. Ein Gl**ast**isch – f**ast** unbeschädigt. Der L**ast**wagenfahrer läuft herbei und lädt Jens zum Dank für seine schnelle Hilfe auf einen Riesenteller P**ast**a ein. W**ast**l bekommt einen Pl**ast**ikknochen, den er allerdings gar nicht mag und ganz schnell in einem **Ast**ernbeet vergräbt.

Was ist richtig?

Nur die fett hervorgehobenen Bezeichnungen sind richtig.

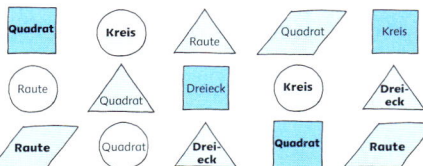

Seite 20
Spiegelverkehrt

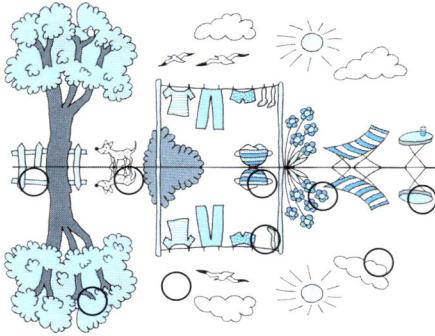

Seite 21
Formen-Kuddelmuddel

◯ 12-mal

△ 9-mal

⌒ 10-mal

Schattenbilder

Das Schattenbild mit der Nummer 3 ist das richtige.

Seite 22
Leinen-Trick

Hund links: Hasso
Hund rechts oben: Waldi
Hund rechts unten: Lucy

Tippfehler

1. Zeile
TOMTOMTOMTOMTOMTOMTIMTLM-
TOMTOMTOMTJMTOM
2. Zeile
TOMKTOMTOMTOMMTOKTOMTOM-
TOMTOMTOMTOITOM
3. Zeile
TOMTOMTOMTOMITOMLTOMTOMTOM-
TOMTONTOMTOM

Seite 23
Perlen-Kunterbunt

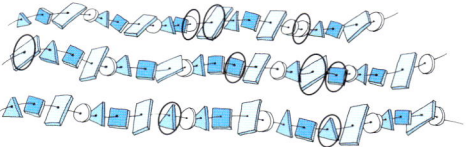

Würfelknobelei

Nur das linke Netz ergibt beim Zusammenfalten einen Würfel.

Seite 24
Schau genau!

Beide Hüte sind gleich hoch. Die Hutkrempe ist in beiden Fällen genau so breit wie der Hut hoch ist.

Zahlenkolonnen

Die Zahlenkarten 1 und 4 sind gleich.

DENKSPIELE

Seite 27
Überführt

In einem Buch sind links immer die geraden und rechts die ungeraden Seiten. Zwischen den Seiten 17 und 18 kann also nichts liegen, weil sie Vorder- und Rückseite desselben Blatt Papiers sind.

Wiegerätsel

Erster Wiegevorgang: Anna legt zuerst auf jede Seite der Balkenwaage jeweils 3 Würfel. Senkt sich die Balkenwaage in eine Richtung, ist der schwerere Würfel unter diesen 3 Würfeln. Wenn beide Seiten gleich viel wiegen, dann ist der schwerere Würfel unter den letzten 3.
Zweiter Wiegevorgang: Von den 3 Würfeln, unter denen der schwerere sein muss, legt sie jeweils einen auf jede Seite der Waage. Senkt sich die Waage ab, ist der schwerere Würfel gefunden. Wiegen beide Seiten gleich viel, ist der dritte Würfel der schwerere.

Seite 28
Streichholzrätsel

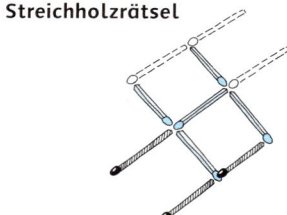

Tauschgeschäft

Kevin hat 5 Briefmarken, Mark 7 Stück. Gibt Mark Kevin eine, haben beide 6 Briefmarken. Gibt Kevin Mark eine ab, hat Kevin 4 und Mark 8, also doppelt so viele.

Seite 29
Milchumschüttung

Bauer Anton gießt aus dem 10-Liter-Eimer Milch in den 3-Liter-Eimer, bis dieser voll ist und schüttet die Milch dann in den 5-Liter-Eimer. Im 10-Liter-Eimer befinden sich jetzt noch 7 Liter. Nun gießt er aus dem 10-Liter-Eimer wieder Milch in den 3-Liter-Eimer bis er voll ist. Im 10-Liter-Eimer sind dann noch 4 Liter.

Passwort bitte!

Hinz: Fingernagel · Kunz: Haare · Franz: Ohr(en)

Seite 30
Elefantenmarsch

Es sind 3 Elefanten.

Münzenschieberei

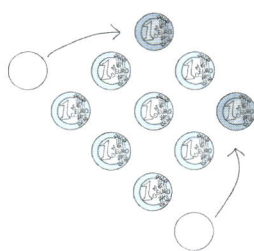

Seite 31
Tantchen gesucht

Tante Xenia ist die zweite von links.

Gefräßige Bande

Max kann auch auf dem Rückweg einen Gegenstand transportieren. Insgesamt braucht er 4 Fahrten.
1. Fahrt: Maus, Rückfahrt leer
2. Fahrt: Katze, Rückfahrt mit Maus
3. Fahrt: Käse, Rückfahrt leer
4. Fahrt: Maus

Seite 32
Hasenpfote unterwegs

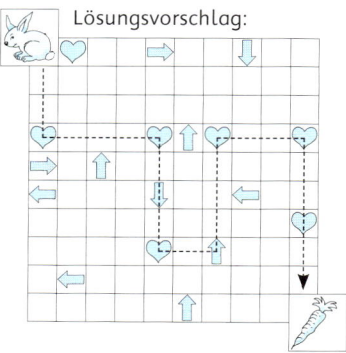

Lösungsvorschlag:

Einrad-Rekord

Marc fährt am längsten auf der Linie.

Seite 33
Magische Männchen

Farbenspielerei
Lotte muss mindestens 10 Paprikas nach oben bringen, um auf jeden Fall 3 grüne dabeizuhaben. Wenn sie nur 7 holt, könnten diese komplett gelb und rot sein.

Seite 34
Geschenke-Rätsel

	Blumen	Vase	Gut-schein	Kerze	Tante	Onkel	Vater	Mutter
Jana			x			x		
Elias		x						x
Sonja	x			x				
Felix				x		x		

GEDÄCHTNISTRAINING

Seite 40
Viele Geschenke
Sara hat von ihrer Patentante die Ballett-schuhe bekommen.

Seite 42
Ganz ordentlich Teil 2
Udos Bruder Lars hat die folgenden 3 Bücher falsch zurückgestellt: Piraten-schatz, Kinderlexikon und Ritter Artus.

Familienbande
1. Carl hat 3 Geschwister.
2. Seine Tante heißt Trude.
3. Fußball, Hockey oder Schach
4. Tobias wohnt in Bonn.
5. Helena ist 11 Jahre alt (2 Jahre älter als Carl).

Seite 43
Zauberspiegel
Der Spiegel hat folgende Wörter verändert: Aus dem Bad wurde ein Bett, aus dem Buch ein Bauch und aus dem Gras ein Glas.

Bilderrätsel Teil 2
Im Baum sitzen nur 2 Vögel.
Das Haus hat 2 Fenster.
Im Zaun fehlt eine Latte.
Es kommt kein Rauch aus dem Schornstein.
Die Katze befindet sich auf der anderen Seite des Daches.
Die Hausnummer ist 9 statt 5.
Der Türknauf fehlt.
Ein Stück von der Dachrinne fehlt.

Seite 44
Gut gemerkt Teil 2
1. Lisa Fröhlich lebt in Hamburg.
2. Ute Müller wohnt in der Bahnhofstraße 41.
3. Herr Schwarz heißt mit Vornamen Thomas.
4. Franz Schmidt wohnt in der Gartenstraße 13.

RECHENSPORT

Seite 47
Zahlenlabyrinth

8	32	15	56	40	(72)
42	60	28	(90)	(18)	(36)
35	(81)	(45)	(63)	25	7
21	(9)	16	48	64	24
(27)	(54)	46	14	6	50

Fehl am Platz
a) Die Zahl 55 passt nicht (alle anderen Zahlen sind aus der 9er-Reihe).
b) Die Zahl 48 passt nicht (alle anderen Zahlen sind aus der 7er-Reihe).
c) Die Zahl 70 passt nicht (alle anderen Zahlen sind aus der 12er-Reihe).

Seite 48
Rechenzeichen gesucht
a) 6 **x** 8 **+** 35 − 56 = 27
b) 28 **+** 35 **:** 7 + 48 = 57
c) 43 − 37 **x** 6 + 64 = 100

Verzwickte Rechenrätsel
1. Robin hat am dritten Tag 92 Euro verdient.
2. Lisa hat den höchsten Turm gebaut.
3. Bert hat 620 Sekunden benötigt, Chris 700 Sekunden. Also war Chris nicht schneller als Bert.

Seite 49
Zahlenriesen – Zahlenzwerge
a) 87 − 23 = 64
b) 828 + 19 = 847
c) 13 x 5 = 65
d) 999 : 9 = 111
Ergebnisse der Größe nach sortiert:
64 < 65 < 111 < 847

Zahlenspielerei

18	x	2	=	36
+		**+**		**−**
22	−	12	=	10
=		**=**		**=**
40	−	14	=	26

Seite 50
Sammelfieber
Marc hat 90 Matchboxautos.

Fortsetzung folgt
9 18 27 36 45 **54 63 72** (immer + 9)
13 25 37 49 61 **73 85 97** (immer + 12)
3 6 12 24 48 **96 192 384** (immer x 2)
545 530 515 500 485 **470 455 440**
(immer − 15)

Unpassend
a) 19 + 7 = 26. Alle anderen Aufgaben ergeben 25.
b) 118 − 55 = 63. Alle anderen Aufgaben ergeben 62.

Seite 51
Volle Einkaufskörbe
Pit hat 24,20 Euro ausgegeben.
Paul hat 23,50 Euro bezahlt.
Paul hat somit günstiger eingekauft.

Würfelglück
Kurt: 24 Punkte
Jana: 23 Punkte
Ralf: 22 Punkte
Sandra: 21 Punkte
Kurt hat die höchste, Sandra die niedrigste Punktzahl erreicht.

Seite 52
Deutschlandreise
874 : 23 = 38
Zu Fuß dauert die Reise 38 Tage.

Mit dem Fahrrad ist man doppelt so schnell unterwegs, benötigt also nur die Hälfte der Tage wie zu Fuß.
38 : 2 = 19
Mit dem Fahrrad dauert die Reise 19 Tage.

Zusammenführung

37 + 66 = 103
59 + 80 = 139
240 + 174 = 414
321 + 444 = 765

Seite 53
Maßarbeit

Alle Tätigkeiten zusammengerechnet
nehmen 22 Minuten in Anspruch. Also muss
Thomas um 6.58 Uhr aufstehen, um recht-
zeitig zum Schulbeginn in der Schule zu sein.

Zahlenrätsel

A 8	8			B 7
1		C 2	4	0
	D 1	5		
E 4	8		F 6	9
2	2		0	

Seite 54
Welche Zahl fehlt?

Die 3 Zahlen in jeder senkrechten Spalte
ergeben eine Rechenaufgabe.
10 – 3 = 7
20 – 5 = 15
28 – 8 = 20
30 – 12 = 18
Im letzten Feld fehlt also die 18.

Zahlenrätsel

a) 6
b) 3
c) 1
d) 6
e) 9
f) 3

Bibliografische Information der Deutschen Nationalbibliothek:
Die Deutsche Nationalbibliothek verzeichnet diese Publikation
in der Deutschen Nationalbibliografie. Detaillierte bibliografische
Daten sind im Internet über **http://dnb.d-nb.de** abrufbar.

4 3 2 1   14 13 12 11

© 2011 Ravensburger Buchverlag Otto Maier GmbH
Postfach 1860
88188 Ravensburg
Alle Rechte, auch die des auszugsweisen Nachdrucks,
der fotomechanischen Wiedergabe und der Übersetzung,
vorbehalten.
Text: Diana Hofheinz
Illustrationen: Gabi Selbach
Umschlagfotos: © istockphoto/ Jason Lugo (links), Jodi Matthews (rechts);
panthermedia.net/ Robert Kneschke (Mitte)
Redaktion: Tina Beutner, Melinda Ronto
Printed in Germany

ISBN 978-3-473-55205-4

www.ravensburger.de